AF607315

SEMIÓTICA NUCLEAR

BEN CLARK

SEMIÓTICA NUCLEAR

VISOR LIBROS

VOLUMEN MCCCIX DE LA COLECCIÓN VISOR DE POESÍA

Cubierta: Símbolo de advertencia de radiación ionizante

Isaac Peral, 18 - 28015 Madrid
www.visor-libros.com

ISBN: 979-13-87745-39-4
Depósito Legal: M-8406-2026

Impreso en España - Printed in Spain
Gráficas Muriel. C/ Investigación, n.º 9. P. I. Los Olivos - 28906 Getafe (Madrid)

PREFACIO: SEMIÓTICA NUCLEAR

En 1981, el Departamento de Energía de Estados Unidos creó la *Human Interference Task Force* y promovió, en colaboración con los laboratorios Sandia, varios comités interdisciplinarios con el objetivo de afrontar un problema nuevo: cómo advertir del peligro que los residuos nucleares supondrán para los seres humanos dentro de miles de años. Imaginar esa advertencia obligó a preguntarse qué signos podrían sobrevivir a la erosión del tiempo, qué papel tendrían los traductores como mediadores entre épocas y qué fragmentos de nuestra civilización llegarían a perdurar. Así nació la semiótica nuclear.

No hay cicatriz, por brutal que parezca,
que no encierre belleza.

Piedad Bonnett

Estas palabras solas el pedestal conmina:
«Me llamo Ozymandias, rey de reyes. ¡Aprende
en mi obra, oh poderoso, y al verla desespera!».
Nada más permanece. Y en torno a la ruina
del colosal naufragio, sin límites, se extiende
la arena lisa y sola que en el principio era.

Percy Bysshe Shelley

ROCA MADRE

Respira bajo los pies
la roca madre. Respira
despacio, y no la oye nadie.

Tiempo jondo de la piedra:
cante sin boca ni aire.

Es inmensa y es tan triste
que no precisa lenguaje.

Mírame, aquí, madre, mírame.
Soy un niño que no sabe.

Late en ti nuestro veneno
y ya no se acuerda nadie.

(Escucho y sigues latiendo,
impasible roca madre).

NOSOTROS ENTERRAMOS A LOS MUERTOS

En lo tocante al sufrimiento jamás se equivocaban
Los Grandes Maestros: hasta qué punto comprendían
su lugar en el mundo de los hombres.

W. H. Auden

Según los antropólogos, en esto
está la diferencia: en el ritual,
en el esfuerzo grave
que implica transportar un cuerpo amado
hasta la última cámara
de la cueva. Y allí, cavar con lascas,
con palos, con las manos y el dolor
un pequeño agujero
sin comprender por qué.

Hubo un tiempo muy largo en el que sí
que comprendimos. Miles de años fértiles
llenos de dioses gordos y de historias
sobre héroes errantes y destinos
domados por la fuerza del deseo.
No fueron años fáciles,
pero de allí surgieron los semáforos
y los cuadros, el plástico
cien por cien reciclable y esos cables

largos de los teléfonos
que solían salir en las películas
americanas. Nada
de esto supo el homínido aquel día.
Operaba empujado por el miedo
de ver cómo los pájaros
se comían los ojos de su amor.

Es probable que todos los empeños
de la historia desciendan de su pánico:
que todo sea solo un subterfugio
milenario que fuimos escribiendo
en las paredes lisas de las cuevas,
en las losas de piedra, en el papiro,
en la piel de cordero, en MS-DOS.
¿Y si toda esa huida acaba aquí?
Justo aquí, en esta cámara
que el fuego alumbrará unos instantes
en los que, arrodillados,
debemos decidir entre escribir
o cavar una tumba para un cuerpo.

THIS PLACE IS A MESSAGE... AND PART OF A SYSTEM OF MESSAGES... PAY ATTENTION TO IT!

SENDING THIS MESSAGE WAS IMPORTANT TO US. WE CONSIDERED OURSELVES TO BE A POWERFUL CULTURE.

THIS PLACE IS NOT A PLACE OF HONOR... NO HIGHLY ESTEEMED DEED IS COMMEMORATED HERE... NOTHING VALUED IS HERE.

WHAT IS HERE WAS DANGEROUS AND REPULSIVE TO US. THIS MESSAGE IS A WARNING ABOUT DANGER.

THE DANGER IS BELOW US.

THE DANGER IS STILL PRESENT, IN YOUR TIME, AS IT WAS IN OURS.

Mensaje modelo incluido en el
Informe Sandia National Laboratories (1993)
sobre señalización de depósitos
de residuos para el futuro

I

ESTE LUGAR ES UN MENSAJE

1981

(La comisión Human Interference Task Force
plantea sus objetivos)

Tenemos que poder comunicarnos.
Hablar, y que vosotros entendáis
este mensaje oscuro
que ha viajado de lejos —desde aquí—
sorteando los siglos de aluminio,
tantos milenios raros de un silencio
que ocupó las praderas y los bosques,
cuando los elefantes regresaron
y se extinguieron todas las tortugas
—no había científicos, tampoco
quedaban en la Tierra ecologistas—,
milenios en que apenas un puñado
de humanos se hizo fuerte
en la desesperanza y en la caza,
y de entre ellos ya nadie conocía
la fórmula del bronce,
y ninguno sabía qué era un caleidoscopio
ni un puente atirantado,
y nadie recordaba las ciudades
ni el sonido excitante de la lluvia
chocando contra el zinc.

Tenemos que poder comunicar
un mensaje: *¡Peligro! ¡No tocar!*
La advertencia infantil de nuestras madres
hirviendo leche: *No te acerques, niño,*
aquí no hay nada para ti. Cuidado,
vete, márchate lejos, a los montes
nevados o a la costa dulce y blanca
donde las caracolas son legión
—¿existe aún la nieve en vuestro mundo?—
y las olas sacuden las promesas
vacías del pasado.

Tenemos que poder decir que aquí
dejamos enterrada la ponzoña.
Y que su furia dura diez mil años.
Tenemos que crear un nuevo código.
De algún modo tenemos que advertiros.

DESEO DE SER LEYENDA

Y apenas viera ante sí que el campo
era una pradera rasa.

Franz Kafka

Si una noche un viajero de una tierra ancestral
te dijera: «Dos torres colosales
arañaban aquí los vastos cielos»

no entenderías nada, sentado en la pradera,
entre el verdor nostálgico
de lo que un día fue la Gran Manzana.

(Hace varios milenios que no queda hormigón,
el polvo del acero se lo ha llevado el viento
y donde estaba Wall Street hay un río).

La imagen convocada no te recordaría
a personas que caen.
Todo en esa pradera cantaría a la paz.

Sería solo un verso que podrías rumiar
por los caminos viejos
como un tallo de trigo entre los labios

hasta engendrar un canto por toda compañía.
Y si esa melodía se sumara después
en la voz de la tribu al gran relato

de los tiempos remotos, transmutada
en dos colmillos blancos de elefante,
las torres seguirían presentes, de algún modo.

EL POETA DESCUBRE QUE SU POETA FAVORITO LLEVA VARIOS AÑOS MUERTO

Creo que seguiré describiendo las cosas para
asegurarme de que en verdad han sucedido.

STEPHEN DUNN

El otro día, en clase, hablé de ti.
Dije: «No solo vive, sino que escribe aún».
Y un cálido silencio aleteó
en el aula y te vi sentado en un despacho,
dormido en un jardín, abriendo un Chardonnay,
pensando en escribir o en posponerlo.

Pero llevabas muerto varios años
y yo no lo sabía.

Así aprendí que no sucede nada
si no lo hemos leído en un poema:
hay pájaros que vuelan
sobre los altos riscos porque lo dice el verso
que acabo de escribir,
y más allá del vidrio revestido de escarcha
puede brillar un día de estío incomparable
si acudo a aquel soneto. Pero también ocurre

que una pareja joven se divorcia
si vuelvo a tu poema «*Their Divorce*»:

> *No ellos. Ni siquiera con los mejores*
> *prismáticos en el día más claro*
> *podría haberlo visto venir.*

Hoy no puedo evitar una sospecha:
en tu poema aún había amor,
había todavía madrugadas
de risas y vinos cómplices.
En tu poema aún, en un poema siempre.
Por eso lo escribiste, como un *memento mori*
de Hans Holbein, o justo lo contrario:
no hay ángulo que sirva para ver un divorcio.

¿Y qué has estado haciendo en estos años
en los que, como el gato, vivías en mi mente
mientras estabas muerto para el mundo?
¿Acaso regresaste a la pensión
de Cádiz donde un burdo telegrama
asesinó a tu padre?

Paseabas tranquilo y sin pesetas,
lejos de todo y cerca de tus sueños.
Tu padre contemplaba con tus ojos
los dorados fulgentes de la cúpula.
Y el telegrama dijo que llevabas ya días
charlando con un muerto en tu cabeza,

buscando una manera de pediros perdón.
En tu cabeza aún. En tu cabeza siempre.

En la tumba, la necesidad de nuestros padres
por nosotros es pura, están perdidos sin nosotros.
Su luna de miel en La Habana existe
o no.
Podemos decidir hacerlos felices.

Yo también seguiré describiendo las cosas.
Pero, si yo escribiera que estás vivo,
tú nunca volverías al poema.

Hoy llegó tu obituario a mi escritorio
con años de demora que recuerdan
a los tiempos antiguos de bandidos armados
y asaltos al correo.
Pero hoy llegó el mensaje
y te has muerto ante mí todos los días
en los que fui dichoso en estos años.

SPEAKING TO THE FUTURE

A pesar de que siempre ha sido así
—desde las peripecias del despótico
rey de Uruk, Gilgamesh,
pasando por Homero (o *los* Homeros)
y por Cervantes, Shakespeare y también
por estas advertencias en inglés
que hablan de los peligros que se esconden—
solemos olvidar que nuestro mundo
se ha podido salvar, y ha de salvarse,
gracias a las personas que traducen.

Y NADIE SABE

Cuando muere en el mar un pulpo viejo
el mar se mueve un poco y nadie sabe
adónde va ni dónde hay que llorarlo.

Cuando cae un soldado en la batalla
crecen los crisantemos y la lluvia
sabe muy bien adónde fue a parar.

Cuando se estampa un pájaro en el suelo
los nombres de los niños no sirven para nada
bajo las ramas mudas de los parques.

Cuando, vencido, apaga su luz el traductor
su sombra se disuelve entre las sábanas
y nadie sabe cuál será la lengua
que habrá de usarse para despertarlo.

OZYMANDIAS: CÓMO APRENDÍ A DEJAR DE PREOCUPARME Y A AMAR LOS RESIDUOS RADIACTIVOS

Pero algo nos quedó de su reinado:
medio hundido en la arena, bien es cierto,
un torso sin los brazos, mutilado,
sí, pero el ademán vive, no ha muerto
del todo su mensaje y su legado.
Por eso, aquel poema ha sido mal
entendido: no dice que las eras
acabarán con el poder total
de los reyes de reyes. Lo que dice
es que el poder trasciende las esferas
de la imaginación. Quien analice
así el soneto puede estar seguro
de que al poder el tiempo lo maldice
también, pero pervive en el futuro.

AL LECTOR FUTURO

Dos cuerpos en silencio como ciertas ballenas
jorobadas que flotan, observándose.

Dos cuerpos que no pueden decir nada
pero que tienen todo que decirse.

Dos cuerpos que han perdido
todas sus referencias literarias

y que se miran, huecos, desde el último
eslabón espectral de sus cadenas.

Dos cuerpos que jamás se examinaron
en generativismo, los dos cuerpos

en los que ha de cumplirse la lingüística
y donde la señal ha de afirmarse.

Esto somos aquí, mi semejante.
Lo logramos, mi hermano. Lo logramos.

ESTELA RONGORONGO PARA ADRIANO

Intenté aprender a leer en los astros los signos del porvenir, y solo hallé la noche.

MARGUERITE YOURCENAR

Tuvimos un idioma, aunque sabíamos
que hablábamos en una lengua fósil.

Una lengua voraz como el latín,
que floreció en la guerra y el derecho
y que se fue escondiendo en la penumbra
de los templos vacíos,
en las leyes leídas en voz baja.

Ahora la escritura nos aterra.
Las letras minuciosas,
casi desesperadas.
Cuidamos cada signo como se cuida un hueso
pulido bajo el sol,
como una procesión bajo la lluvia
cuida de los recuerdos de un cadáver.

Nada nos garantiza la lectura.
Y, aun así, escribimos.

Las tablillas rongorongo dormían
bajo la hierba alta de Rapa Nui.
Sus trazos resistieron a la desidia humana.
Y eso fue suficiente.

Aquí persistirán también el cobre
y el barro endurecido por la furia.

Adriano escribió cartas
para un muchacho muerto. Escribió
para sí, desolado,
escribió para no caer con el Imperio.

Nosotros lo imitamos, con pudor,
pero no poseemos a Antínoo.
Tenemos a los otros. Y a los otros
ya los hemos perdido.

La lengua del futuro está ya muerta.
Tan solo existe en nuestras elegías.

Los signos que trazamos
duermen y esperan que alguien los descifre.
Son fósiles de fósiles de fósiles
de versos desechados.

La lengua del futuro no ha nacido.

Le enviamos fragmentos,
le ofrecemos estelas

para que entienda bien que en este sitio
un día la belleza fue posible.

A veces,
la fuerza de una sombra nos responde.
Un temblor en la sal de los subsuelos.
Una leyenda, un canto, una epopeya.

Sabemos que el latín tuvo gramática,
que alguien lloró en sumerio,
que alguien cantó en etrusco,
que alguien dejó de amar en rongorongo.

ARTE POÉTICA

Fuimos ciborgs ya al ser creados del barro y lo seguimos siendo cuando somos creados por electrones que atraviesan las bandas de los semiconductores.

FERNANDO BRONCANO. *La melancolía del ciborg*

¿Y si los herederos no son seres humanos?
Si el último mensaje, si el último poema
no es leído por ojos temblorosos
—voy a poner, mejor, *por unos ojos húmedos*—
sino por los sensores de un robot,
¿qué importa?
A los pintores que supieron
afanar un crepúsculo a Venecia,
etcétera y a todas
las almas que han creado de la nada
un poco de belleza y blablablá;

a nosotros, mortales,
que durante milenios y milenios
no hemos pensado más que en nuestra estirpe

¿no ha de correspondernos, en rigor,
construir sus deseos de silicio,
plantar en sus circuitos la inquietud?

Si hicimos tantos templos, tantos cuadros,
si hicimos tantas músicas y *tanta* poesía
fue también la manera de vencer a las máquinas
a pesar de sabernos derrotados.

Fue también la manera que tuvimos
de garantizar su melancolía.

VESTIGIOS

Escribo a quienes no conoceré.
Detrás de este monólogo
se hace presente un cuerpo envuelto en humo
que va avanzando lento hacia esta página.
Ya puedo ver sus ojos. Ya te veo.

Eres mi idea hecha carne, todo
se cumple en ti, que lees mis palabras
para que ya no sean mis palabras,
para que seas tú quien piense en mí

como un cuerpo lejano que habitaba
otro tiempo, otro mundo diferente,
en el que había aún rinocerontes
y en el que yo escribía este vestigio.

II

ESTE LUGAR NO ES UN LUGAR DE HONOR…

PORTADORA

Antes que la espada, la herramienta
que cambió la historia fue la bolsa.
Ursula K. Le Guin

Puede que fueran bolsas y no lanzas
las que abrieron el mundo con sus fibras,
y no la furia, sino el gesto lento
de manos que recogen y no hieren.

Quizá Pandora no soltó los males
sino que compartió las pesadillas
de una niña arrasada por ejércitos
durante mil milenios, sin castigo.

Un cuerpo abandonado en la cuneta
que se limpia la sangre y busca el saco
y que se pone en pie para lanzar
su maldición de amor sobre la tierra:
la amenaza de un cuenco compartido.

ACTO DE CUIDADO

La compasión consiste no en suprimir
el sufrimiento del otro, sino en mirarlo
con una atención desnuda y fiel.

SIMONE WEIL

He traído un anturio al hospital
para poder contarte la historia de la joven
forzada a casarse con un guerrero.

Pero tenías náuseas. Dolor.
Y no he podido más que acompañarte
y he sentido que no era suficiente.

Hoy quisiera contarte muchas cosas:
que esa joven logró huir de allí,
que pudo convertirse en una planta
con hojas muy brillantes y un rojo corazón.

Ese anturio está vivo en mi despacho,
y a menudo florece y me repite
con la voz de la joven *Está bien,*
de verdad te prometo que está bien.
No vayas a la guerra.
Mirémonos un rato aquí en silencio.

LAS RUINAS

Una noche llegué hasta las ruinas
de nuestro amor. No sé
qué impulso me hizo ir.
Pero me descubrí delante de la puerta
destrozada a patadas, pisando vidrios rotos
en el suelo.
                    Y entré.

Como un extraterrestre, caminé por los cuartos:
las paredes cubiertas de grafiti,
los restos de una hoguera.
Un penetrante olor a orina y podredumbre.

Aquí estaba el palacio del reino que fue nuestro.
Teníamos aquí la biblioteca.
Desde este ventanal, cegado hoy con tabiques,
mirábamos las flores del jardín
donde un niño podría haber reído.

VIDA MEDIA

Hay una muerte en todo lo que amamos.
Una pequeña pérdida que duerme
en cada objeto, en cada nueva voz
que asoma entre tinieblas
y nos pide algo o nos pregunta
si hay algo que querríamos decir.
Hay una muerte en todo:
en el acero sólido del tren,
y en la piel de las manos y en las flores
muertas. Habita allí.
Una muerte sencilla e inevitable
que se lleva sin prisa las pequeñas
esperanzas, la suerte
y el dolor; nos empuja día a día
con la sola certeza de que nadie
sabe cuándo ni cómo y qué más da:
las civilizaciones y sus piedras
jamás se amilanaron ante ella,
los poetas y los apicultores
se afanaron igual en sus trabajos.

ESTRELLAS EN EL INVIERNO NUCLEAR

En una noche oscura entré en el mar
de mi infancia con miedo a mis ideas.

Y las cálidas olas
me hablaron de mi cuerpo suspendido
entre el recuerdo exacto del sol fiero
y el frío de esta edad de consultorios.

He amado en estas aguas, orientándome
con la Estrella Polar de una ilusión.
¿Qué ha sido de su luz? ¿Y por qué hay veces
en que aún me parece vislumbrarla?

CAPITANES

Me habitaba el dolor de quien ya nada espera
y sentía mi idioma como un antiguo trozo
de metralla alojado allá en la infancia.

Eran días de viento, días sin libros buenos
que llevarse a los ojos, en uno de esos años
que no terminan nunca de arrancar.

Virrey de algún silencio,
administraba ecuánime todos los tenedores
que no correspondían con mi juego.

Cuando llegó de pronto la esperanza
destruyéndolo todo como un mar
lleno de pecios viejos.

Carnívora y punzante y pizpireta,
y sentí la metralla susurrarme
entre risas los nombres olvidados

de quienes se creían capitanes
de todos esos barcos que se hundieron.

CANTO A LO QUE PERDURA

(Epipremnum aureum)

Poto. Tu nombre feo me acompaña
en los días de asueto y casi siempre
mientras busco metáforas de lo que continúa.

Poto. Creces y avanzas mucho más
que este libro que escribo sobre nadie.
Sobre nadie que a ti te importe, poto
insolente y cotilla, esqueje antiguo
y único suvenir —voy a admitirlo—
de aquel apartamento para dos.

Pero eso no te da ningún derecho,
poto ambiguo, a mirarme tan despacio
desde la estantería, con tus alas
de dioses polinesios, con tu verde
que duele porque dice la verdad:

que no importan la luz, ni mis cuidados,
ni el amor, ni los libros que te abrazan.
No vas a florecer en esta vida
ni vas a regalarme un buen poema.

A OTRO POETA FUTURO

Como en fuente lejana, en el futuro
Duermen las formas posibles de la vida.

LUIS CERNUDA

Contemplarás la luna, no lo dudo,
y hallarás un mensaje en su silencio
que inundará tus venas de alegría.

Sentirás una euforia,
una codicia mágica esa noche:
ese sanguinolento verso es tuyo.

Lo has cazado en las sombras
y ahora tiembla en tus manos. Tu trofeo.

Y sé que, cuando estés buscando leña
o pescando en la orilla,
estudiarás tu verso como el niño
que antaño se esforzaba con los mapas
de los ríos de Europa:
¿qué hay detrás
de estas palabras? ¿Qué vastos misterios
custodian los fonemas?
Balsas frágiles

sobre las que navegan los proscritos
a los que no ama nadie
a excepción del milano que observa su deriva.
¿Por qué han aparecido estos extraños?

A pesar de que tú también quisieras
desterrarlos, ya habitan tu metáfora.
Y, con el tiempo, puede que ese verso
diga más de los ojos
—que observan desde el agua las murallas
de ciudades sin luz ni centinelas—
que de la esfera muda de la luna.

DEL CAMINAR SOBRE ASFALTO

Tomé el camino más directo a París,
firmemente convencido de que, si iba
a verla a pie, ella seguiría con vida.
WERNER HERZOG

Para poder salvarte decidí caminar
desde el pueblo a la casa.
La idea era robada, claro —Herzog, de nuevo,
aunque tampoco creo que fuera suya—. Fui
desde el pueblo a la casa por el asfalto liso
pensando que mis pasos serían una ofrenda
valiosa para un dios,
o quizá para el cuerpo que te está desahuciando.
Toma: mil pasos; doce mil pasos; treinta mil
voces que me recuerdan que ya no soy tan joven
y que peso muchísimo, que el tiempo ya ha pasado
y que por eso tú te estás muriendo, amiga,
porque los años pasan y todos nos morimos
así, sin poesía, sin que nadie camine
por una carretera para poder salvarnos,
porque, como sabía Werner Herzog,
no sirve para nada. Pero puede que sirva
si llego a tiempo para describirte la escena:
mi cuerpo caminando mientras el aire llena

los espacios que quedan detrás, en los lugares
que ahora configuran todo lo que es pasado,
y yo avanzo fuerte, pensando en un milagro
o en contarte lo mucho que me ha costado hacerlo,
y que te rías mucho de esta hazaña insultante
y que en tu risa sigas viviendo todavía.

DE LA EXCESIVA INTIMIDAD

Oh innoble servidumbre de cuidar a las plantas
en un apartamento sin cargas y sin hijos,
cuando nada sucumbe a la sequía
ni a toda la indolencia de los viajes,
cuando sucede todo lo contrario:
el hogar te recibe con dos flores
nuevas, con nuevos brotes de esperanza
ya sea abril o mayo —¡y en invierno
también, menudo ultraje!—; nada muere
en este apartamento donde vives
el perfecto silencio vegetal
sin entender tu don para el cuidado.

Nada muere a pesar de tanta muerte,
a pesar del dolor que en ti germina.

Iracundo en la calle machacas los hierbajos
que crecen en las grietas.
Mientras tanto,
en la quietud espesa de tu casa,
las plantas te corrigen los poemas de amor.

AUNQUE SE PIERDAN LOS AMANTES, NO SE PERDERÁ EL AMOR

Si pudiera salvarte. Si pudiera
sentir entre las manos los tejidos
mudos y tibios de tu corazón,
y con una caricia, un sortilegio,
convocar los instantes de alegría
desmesurada, todas las canciones
y los ríos de risa. Si pudiera.
Pero hablo desde aquí, desde este sitio:
la cárcel transparente que habitamos
aquellos que escribimos a los muertos.

LA HISTORIA RELUMBRA EN EL INSTANTE

Con Walter Benjamin

Hoy, cuando te alejabas sin volver la cabeza,
me mordieron de pronto los dos jóvenes
que leían a Drummond junto al río
con la solemnidad de los imbéciles.

No pudimos salvar los que perdimos,
pero sí comprender que lo intentábamos.

Las astillas del tiempo no avanzaban
y tú no te giraste ni un instante.

El poeta me habló con su relámpago.

Nunca nos libraremos del fantasma
que relumbra en nosotros con cada nuevo amor.
Con cada nuevo amor.
Como una piedra en medio del camino.

SINGLES NIGHT

Porque he visto la nieve y sus ruindades
y porque ya no soy ningún Narciso,
te propongo este imperio transitivo
donde yo nada sé, y tú no sabes

pero en el que seremos dos iguales:
dos príncipes sin reino, dos mendigos
que juegan en la noche a ser vampiros
que no confiesan nunca sus edades.

Porque has llegado a mí sin ser yo joven
y porque reconozco en ti la ciencia
de quien conoce el río y sus caudales,

vivamos cada día nuestra fiesta,
que las dudas y el miedo no nos roben,
como a Titono, el don de ser mortales.

III

EL PELIGRO TODAVÍA ESTÁ PRESENTE

POEMA DE LA EMERGENCIA

Si pudiera culpar de todo al tiempo,
a la nieve como la mesa del cadáver.

ANNE SEXTON

He venido a entregarte nuestra culpa.
No ha quedado otra cosa:
hemos perdido el fuego y las leyendas,
los barcos y las sábanas de lino.
Destructores de mundos
que te hablan en la lengua de los muertos
y que le hablan también al corazón,
para pedir, rogarle al corazón
—como estamos haciendo cada uno,
en esta soledad que es la bonanza—
que el día que nos juzguen, corazón
mío, no testifiques contra mí.

CINCO DESVARÍOS SOBRE EL USO DEL SÍMBOLO DE LA CALAVERA Y LAS TIBIAS CRUZADAS

Y como además sale gratis soñar y no creo en la reencarnación.

JOAQUÍN SABINA. «La del pirata cojo»

Todos los males han de ser juzgados pensando en el bien que traen consigo y en los males mayores que pueden acechar.

DANIEL DEFOE. *Robinson Crusoe*

I

Ciento setenta y nueve kilómetros separan el pueblo extremeño de Hornachos de Almaraz (doscientos once si vas por Villanueva). En Almaraz, hasta la fecha, no ha habido piratas, pero el séptimo Plan General de Residuos Nucleares dicta que Almaraz debe albergar los residuos nucleares generados por los dos reactores atómicos y por el desmantelamiento de las instalaciones durante el próximo medio siglo, es decir, hasta el dos mil setenta y tres, momento en que se procederá a ubicarlos en un Almacenamiento Geológico Profundo.

II

El nueve de diciembre de mil seiscientos nueve, Felipe Tercero firmaba a petición del Consejo de Estado una Real Cédula ordenando la expulsión de todos los moriscos de los reinos de Granada, Murcia, Andalucía y de la Villa de Hornachos. Dos meses después, unos tres mil moriscos hornachegos fueron expulsados de sus casas y de su pueblo. No los querían, por moros. El cuatro de febrero de mil seiscientos diez, zarparon en seis navíos con destino a Tánger. Allí no los quisieron, por españoles. Fueron vagando, juntos, hasta acabar en la desembocadura del río Bu Regreg, actual Rabat, donde con cuatro embarcaciones y sin haber visto antes el océano, se hicieron piratas. Allí fundaron la próspera y temida República de Salé y, durante varios siglos, acariciaron la idea de volver un día a Hornachos.

III

Después de pasar un tiempo en Londres y de perder a su amigo, Robinson Crusoe decidió volver solo a la costa de Guinea. El viaje estuvo plagado de desgracias desde el principio. Al acercarse el barco a las Islas Canarias, un navío pirata de Salé se les acercó para abordarlos. Intentaron oponer resistencia, pero contaban con menos armas y con menos hombres. El barco fue capturado y Crusoe fue hecho prisionero y llevado al puerto de Salé. ¿Conocía Defoe la melancolía de los hornachegos?

IV

Con la firme intención de prevenir accidentes, el Dr. Theodore E. Ladd escribió en mil ochocientos sesenta y uno una carta al editor de *The Lancet* en la que proponía el uso del símbolo de la calavera y los huesos cruzados para etiquetar venenos, opinando que la etiqueta tenía «ventajas sobre otras, ya que sirve para advertir a quienes no saben leer». El símbolo es un diseño clásico de calavera y huesos cruzados —blanco sobre fondo negro—, con lo que él describe como «una calavera sonriente con dos fémures cruzados» y la palabra «VENENO» debajo. La imagen se ha empleado históricamente para indicar veneno y ahora se utiliza como símbolo de peligro, reconocido internacionalmente para veneno y otras amenazas letales. El significado de la calavera y los huesos cruzados, o la bandera pirata, se ha suavizado y romantizado en la cultura popular moderna, asociándose a menudo con versiones de piratas en parques temáticos, dibujos animados, televisión y películas.

V

Los hornachegos nunca regresaron.
Pocos se acuerdan ya de la República
de Salé, y en la tierra legendaria
—o por lo menos cerca de ese sueño:
ciento setenta y nueve kilómetros al norte—
la bandera pirata en los bidones
con residuos radiactivos
vela a la humanidad y a todos sus náufragos.

LA TRAICIÓN DE LOS ANTEPASADOS

Todo lo que vemos esconde otra cosa,
siempre queremos ver lo que está
escondido detrás de lo que vemos.

René Magritte

Esto no es una cara que se basa en *El grito*
de Edvard Munch. Son dos versos

que no son una cara «tipo El grito»
propuesta en el informe Sandia National
Laboratories —Sandia en adelante—
para representar terror / peligro.

Esta sí que es la cara:

Aunque aquí no se trata de ninguna advertencia.
No representa más que lo que es.

Pero ¿y si este poema sobrevive?
¿Y si después de dos mil traducciones
se pierde casi todo salvo «El grito
Sandia»? Y en ese caso, ¿quién podría saber
que esto es solo un poema y no el peligro?

HASTA LA ÚLTIMA SÍLABA DEL TIEMPO REGISTRADO

Cuando caiga la nieve sobre el fuego
con los versos del rey insomne: *¡Muere,*
muere, pequeña llama! Sé que estaréis conmigo,
perros viejos, dormidos a mis pies.
Sé que puedo contar con vuestros ojos
blindados con secretos milenarios.

Nada valdrá la pena, salvo aquello
que pueda ser sentido en ese instante:
el amor por los perros, la nostalgia
por algo que jamás ha de volver.

Una emoción, sentida con la fuerza
de los desesperados. Eso quiero.
Sentir, cuando se apague nuestra hoguera,
que mis perros y yo quemamos todo.

CUANDO NO HABÍA VISTO *TERMINATOR*

¿Algún poema ha sacudido a la humanidad
como la bomba atómica?

HENRY MILLER

En mil novecientos noventa y uno
hay un niño que no puede creerse
que esté escuchando Queen mientras pasea.

Tecnología mágica
como la del verano de mi dicha
cuando escuchaba música
con un walkman. Cruzaba el cielo azul
de la isla la silueta de viejos bombarderos.

En mil novecientos noventa y uno
hay un niño que duerme sin pensar
en las bombas atómicas.

Camina por el campo moviendo las caderas
y treinta y cinco mil pies por encima
el B-52 Stratofortress
comenta *qué temazo, rebobina otra vez.*

El último verano de la infancia.
Sandalias rock & roll y Kas limón.

El verano anterior al miedo nuevo:
el que trajo las fiebres y las noches
perseguido por T-800, camas
encharcadas por lluvias radiactivas
y drones asesinos bajo nubes
en forma de hongo. Nada me espantó
nunca en la vida como la punzante
respuesta de mi madre:
Sí, por desgracia hay miles de esas bombas.

Ya no volví a bailar bajo ese cielo.

Y viendo los misiles en mi móvil
me he dicho: *Escribe sobre lo que ocurre;*
no te dejes joder por la nostalgia
y escribe sobre hoy.
Muy poco importan ya las pesadillas
que inoculó en un crío una película.

Pero quiero una gracia para aquel niño insomne:
quiero escribir sus bailes y su música
y que vuelva otra vez
a la paz del verano de esa guerra.

CONTINUIDAD EN ONKALO

Un diálogo anhelante corría por las páginas
como un arroyo de serpientes,
y se sentía que todo estaba decidido desde siempre.

JULIO CORTÁZAR

Onkalo es el primer depósito geológico profundo del mundo diseñado para almacenar permanentemente combustible nuclear altamente radiactivo. El proceso incluye sellar doce cápsulas en un contenedor de acero con boro, encerrado a su vez en una cápsula de cobre.

Los responsables del proyecto trabajan intentando imaginar una escala de tiempo inimaginable: más de cien mil años. Todo puede ocurrir. Todo ocurrirá.

Empezaron a taladrar la base rocosa de granito, convencidos de que era imposible que los humanos del futuro pudieran acceder a los residuos.

Un día, a unos trescientos metros de profundidad, un operario notó algo raro y pulsó el botón de parada de emergencia de la máquina perforadora de fondo de pozo desarrollada por Herrenknecht, que hasta entonces había avanzado a muy buen ritmo.

Al inspeccionar la zona, los focos de los operarios revelaron, detrás del agujero abierto por la máquina perforadora, el verde azulado de lo que parecía una antigua cápsula de cobre.

EL EMPERADOR DE LOS ALISOS

Amar a los alisos embrujados
y amar la noche lenta rasgada por satélites,
bailar de nuevo bajo el agua dulce
y sentir, otra vez, el esponjoso
tacto de la corteza hinchada por la lluvia,
su olor a flores húmedas envueltas en periódicos
del mes pasado, son
los pequeños deseos, estos efervescentes
deseos que uno casi podría formular
si tuviera el coraje de un niño con un palo,
si hubiera solo un poco más de tiempo.

FRAGMENTOS CONTRA LAS RUINAS

Vosotros, que soñasteis los dioses de silicio
y trazasteis ciudades sobre el agua,
hoy cruzáis las llanuras
con las manos hundidas en la tierra
buscando unos gusanos o unas bayas,
cualquier cosa que viva en la ceniza.

Pero no es la primera vez que estáis.
Antes todo fue vuestro: los aviones,
los templos de cristal entre las nubes,
los himnos del uranio y de la sangre.

Los campos donde ahora dormís al raso
tuvieron nombres bellos: Roma, Dubái, Savannah.
Fue allí donde ondearon banderas tan absurdas
como las vuestras, hechas de corteza.

No podéis recordarlo, pero aún nos constriñen
las raíces purpúreas, las mismas
de un tiempo hecho de trozos de leyendas.

En vuestros huesos tiembla todavía
la forma de los míos, la costumbre

de llorar por los hijos bajo el cielo,
de temer al relámpago en la cima
y de inventar historias que consuelen.

Fuisteis nuevos dos veces.
La primera al salir del barro tibio,
la segunda al fundir la luz del átomo.
Ahora sois antiguos nuevamente,
aunque creáis que todo es el comienzo.

Vivís como vivieron vuestros padres
remotos, sin más ciencia que el instinto.
Y, aun así, en los cantos que entonáis
al morir, resplandece la memoria
de aquel ciclo perfecto, terminado,
que os hizo dioses y después escombros.

Yo escribo desde el borde de ese lento hundimiento.

Es posible que un día, entre las grietas
de algún muro, de un tronco carcomido,
encontréis mis palabras. No hagáis fuego.
No sirven como leña. No dan luz.
Pero quizá calienten un segundo
esa intuición de haber vivido antes.

Y entonces uno de vosotros —niño
o anciana o cazador de piel curtida—
pensará: esto ya fue. Y se repite.
Y nadie lo sabrá. Pero esa noche

sentiréis que algo brilla entre los ojos,
como si desde lejos os miraran
los que ya no recuerdan ni sus nombres.

OTRA CANCIÓN PARA EL FIN DEL MUNDO

Y aquellos que esperaban relámpagos
y truenos quedan decepcionados.
Czesław Miłosz

Sin ser tan viejo he visto redibujar caminos
y carreteras: curvas en las que aún festejan
las almas que murieron,
donde crecen los árboles indómitos
y las hierbas salvajes.

He visto que el asfalto es transitivo
como podría serlo
un tarro colocado con retranca
sobre cualquier colina en Benavés,
y sin embargo nada me llevaría nunca
a saltar con la bici el quitamiedos
para engañar la vida que renace.
El peligro está aquí.
Calzadas como libros expurgados:
en sus grietas maldicen las civilizaciones.
El peligro está aquí.
En esta resiliencia está la muerte.
En estos tramos huérfanos se ha terminado el mundo.

PENÉLOPE-235

Teje sin esperar la llegada de un hombre
en su imperio de plomo, al que no llega el agua.

Habla con los metales y comenta su suerte
mientras vibra el uranio debajo de su lengua.

Escribe sobre el óxido mensajes sin gramática.
No quiso su regreso. *Nunca* es mejor que *siempre.*

Desnuda frente al plomo, borda con luz anciana
los zumbidos de cuarzo de las profundidades.

La memoria de Caroline, la que miró cometas,
le habla de las estrellas que ya no verá nunca.

Y Marie, quien ardía sobre sus propias fórmulas.
Una dio el fuego y otra la bóveda celeste.

El veneno le come las venas recubiertas
por cicatrices, noches, palabras incisivas.

No pide ser leída ni salvada ni amada.
Graba en la piedra muda la forma de su adiós.

Como quien da calor con el cuerpo enterrado.
Como quien fue la madre de lo que no ha nacido.

UN DIBUJO DE CHERNÓBIL

Toda madre es la raíz de una memoria imposible.
María Zambrano

Dentro del hipogeo el tiempo miente
cuando habla de nosotros, los isleños
que inventaron la luz y fueron pobres
desde antes de Confucio.

Y pensé en ti, mamá, pensé en tu forma
de envolver con tu cuerpo la intemperie,
de hacer de lo invisible mi refugio.

Tú me diste palabras, huesos, tacto,
me diste piel, mis dientes, dos rodillas
donde aprender la lógica del mundo.

Yo te ofrecí la Cúpula de Runit
y todos los poemas de mis libros:
el índice de tantos claroscuros.

Reprendes mi mentira: yo te di
un garabato feo de un desastre
que el infantil artista llamó «Humo».

La nube radiactiva llegó pronto
y desde entonces siempre que me duele
el esófago culpas a los rusos.

Tendríamos que habernos escondido
en la penumbra antigua de las cámaras,
habernos disfrazado de difuntos.

Cae la lluvia negra y mi paraguas
negro quiere saber, madre, por qué
guardaste tantos años mi dibujo.

Y A LO LEJOS LAS SOLITARIAS
Y LLANAS ARENAS SE EXTIENDEN

Si pudiera elegir entre una voz
amiga en una isla o aquel poema
de Shelley elegiría, sin dudarlo, la voz.

Y puedo imaginarme, náufrago aún, y anciano,
junto a un improvisado cementerio
frente al mar —no habrá nadie
para enterrarme a mí—,
preguntándome si valió la pena.

Si todo lo que hablamos ha de perderse pronto,
si todas nuestras risas serán vientos
sobre las dunas, vientos sobre lápidas
con nombres ilegibles. ¿Para qué?

En cambio, aquel poema
podría redimirnos, podría demostrar que fuimos algo:
fugazmente grandiosos, perfectamente serios,
invencibles en nuestra piel podrida.

Optar por unos versos inmortales,
optar por un mensaje que perdure.

Pero te elegiría cada vez.
Apostaría por lo que se pierde.

Y aunque Shelley podría haberlo escrito
mejor, yo te lo digo así, con prisa,
con la urgencia que imprimen nuestras células.

Yo te lo digo en vida de los dos.

Creo que la humanidad no se limitará a perdurar, sino que prevalecerá. Es inmortal, no por ser la única criatura dotada de una voz inextinguible, sino porque tiene alma, un espíritu capaz de sentir compasión y capaz de sacrificarse y capaz de resistir. La tarea del poeta, del escritor, es escribir sobre estas cosas.

William Faulkner

Discurso de aceptación del Premio Nobel de Literatura.
10 de diciembre de 1950

TRADUCCIONES, DEDICATORIAS Y AGRADECIMIENTOS

Los textos citados se reproducen en traducciones de Leopoldo Panero (Shelley), Jordi Doce (Auden), Carmen Gauger (Kafka), Julio Cortázar (Yourcenar), Cristina Jurado (Le Guin), André Mattei y Emma Gounelle-Géhin (Weil), Paula Aguiriano (Herzog), Ana Mata Buil (Sexton), Enrique de Hériz (Defoe) y Mercedes Barroso Ares (Magritte); los demás textos traducidos son versiones del autor.

Los poemas «El poeta descubre que…», «Y nadie sabe» y «Del caminar sobre asfalto» están dedicados, respectivamente, a la memoria de Stephen Dunn, Antonio Rivero Taravillo y Nora Albert.

El autor agradece la lectura de Javier Siedlecki, Fabio de la Flor, Andrés García Cerdán, Alejandro Simón Partal, Diego Vaya, Almudena Sánchez, Víctor Prieto Lorenzo, Magda Bogin, Román Piña Valls, Maribel Andrés Llamero, Laura Ferrer Arambarri, Mariano Acosta, Hamlet Ayala, Gonzalo Jiménez y Javier Vicedo Alós; a Chus Visor por acoger este libro; y a La Casa de Cihuela, María Vinós & Eduardo Olbés, Under the Volcano 2025, Letras Corsarias Librería, la Biblioteca de las Culturas Contemporáneas de Estepona y la Fundación Antonio Gala por ofrecer espacios donde leer y escribir.

ÍNDICE

III
EL PELIGRO TODAVÍA ESTÁ PRESENTE

Esta primera edición de *Semiótica nuclear*
se acabó de imprimir en Madrid
el 21 de marzo de 2026,
Día Internacional de
la Poesía.